¿DÓNDE ESTÁ EL GAS?

Marla Conn y Alma Patricia Ramirez

Rourke Educational Media

A Division of Carson Dellosa Education

Glosario de fotografías

 globo

 tazón

 lata

 lago

 tetera

 llanta

Palabras usadas con más frecuencia:

- gas
- en
- está
- el
- la
- dónde

¿Dónde está el gas?

globo

El gas está en el **globo**.

¿Dónde está el gas?

tetera

El gas está en la **tetera**.

¿Dónde está el gas?

¿Dónde está el gas?

lago

El gas está en el **lago**.

¿Dónde está el gas?

lata

El gas está en la **lata**.

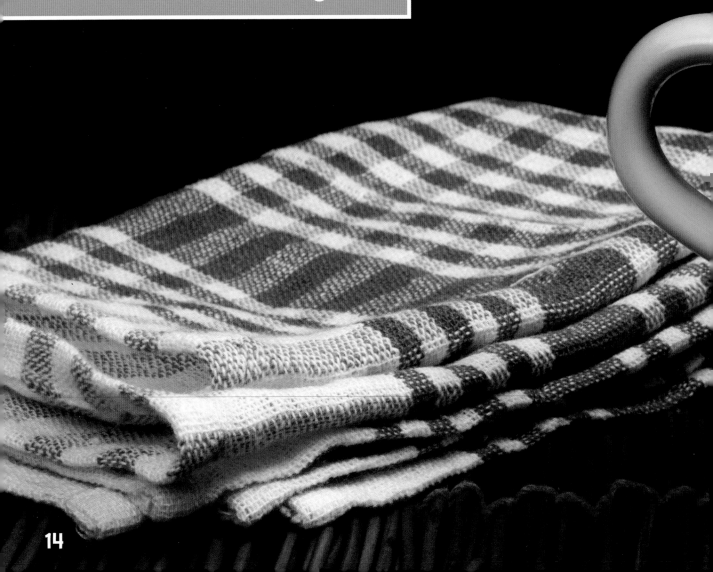